십대생활 다듬기 3

Bible Study

십대3

다툼 | 독서 | 재앙 | 안정감 | 평판
사단 | 섬김 | 인내 | 미디어 1, 2

gtm _ 권지현 지음

글로벌틴 성경공부의 구성과 사용법

글로벌틴 성경공부는 크게 마음열기, 생각하기, 나의 이야기로 구성되어 있습니다.
이 세 가지 부분의 목적을 숙지하여 진행하시면 효과적인 성경공부에 도움이 됩니다.

마음열기

'마음열기' 는 구성원들의 입이 열리게 하고, 그날의 주제에 대해 관심이 열리게 하는 데 목적이 있습니다.
우선 '먼저읽기' 지문을 읽습니다. 이것은 '마음열기' 질문에 쉽게 답할 수 있도록 준비된 것입니다. 그리고 나서 마음열기 질문에 대해 구성원들이 돌아가면서 대답을 하게 합니다.
'마음열기' 는 대단히 중요한 단계입니다. 여기서 대화와 관심이 열리게 되면, 이후의 진행에서 학생들이 자발적으로 참여하는 즐거운 성경공부가 가능케 되기 때문입니다. 시간은 5분(전체 30분일 경우) 정도가 좋습니다.

'생각하기' 는 그날의 주제에 대한 성경의 가르침이 무엇인지 배우고 확신하는 데 목적이 있습니다. 글로벌틴 주제별 시리즈에서는 전달자에 의한 편차를 최소화하고, 많은 내용을 보다 효과적으로 전달할 수 있게 하기 위해 중요한 부분만 괄호처리하고, 나머지는 다 해설과 함께 서술해 두었습니다. 그러므로 긴 부가설명이나 파생된 주제 언급 없이 최대한 교재 내용 전달에만 집중해 주시면 충분한 교육효과가 나타나게 될 것입니다. 시간은 15-20분(전체 30분일 경우) 정도가 적당합니다.

나의 이야기

'나의 이야기' 의 목적은 오늘 공부한 내용을 구성원들 개인의 상황에 구체적으로 적용시키는 데 있습니다. 그러므로 이 부분은 그날 공부에 대한 총 결산이라고 할 만큼 중요한 부분입니다. 그러므로 인도자는 구성원 한명 한명이 개인적인 적용을 할 수 있도록 격려해야 합니다. 시간은 5분 이상(전체 30분일 경우)이 적당합니다.

*글로벌틴 주제별시리즈는 개역개정판 성경을 사용하고 있습니다.

십대3

Contents

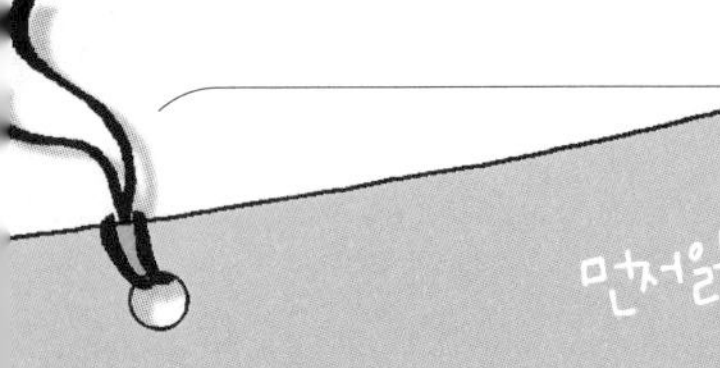

먼저읽기

'이럴 수가 있나?' 하는 사람에게는
분한 일만 계속되고,
'그럴 수도 있지!' 하는 사람은
마음이 평안해서 건강하지요.
'왜, 왜?' 하는 사람은 친구가 없고,
'그래요, 맞아요' 하는 사람은
많은 친구와 오래 사귀게 되지요.
'두고 보자!' 하는 사람에게는
한 번도 좋은 일이 없고,
'아침이 온다!' 바라는 사람에게는
평안과 존경과 기쁨이 와요.
세상만사는 모두 이유가 있기 마련이지요.
이해하는 습관은 행복을 만드는 신호입니다.
–안이숙–

다툼을 이기는 삶

옆의 글에서 볼 때 나는 '이럴 수가 있나?' 하는 편의 사람입니까? '그럴 수도 있지' 하는 편의 사람입니까?

창세기 4장에는 인류 최초의 다툼과 살인의 이야기가 기록되어 있습니다.
인간관계가 시작된 이래 이 세상은 다툼으로 가득 차 있다고 해도 과언이 아닙니다.
왜 이토록 많은 대립과 갈등이 있을까요?

1. 다툼의 원인

1) 타락한 마음

• □□ : 잠 28:25 욕심이 많은 자는 다툼을 일으키나 여호와를 의지하는 자는 풍족하게 되느니라

• □□ : 잠 10:12 미움은 다툼을 일으켜도 사랑은 모든 허물을 가리느니라

• □□ : 잠 13:10 교만에서는 다툼만 일어날 뿐이라 권면을 듣는 자는 지혜가 있느니라

2) 온전치 못한 기질

• **쉽게 화냄** : 잠 15:18 분을 쉽게 내는 자는 다툼을 일으켜도 노하기를 더디 하는 자는 시비를 그치게 하느니라

• 함부로 말함 : 잠 26:20 나무가 다하면 불이 꺼지고 말쟁이가 없어지면 다툼이 쉬느니라
• 논쟁을 좋아함 : 딤후 2:23 어리석고 무식한 변론을 버리라 이에서 다툼이 나는 줄 앎이라

3) 타인과의 차이

• 성격 차이 • 의견 차이 • 오해

2. 신자와 다툼

성경은 신자에게 모든 사람과 더불어 화평할 것을 요구합니다.

히 12:14 모든 사람과 더불어 화평함과 거룩함을 따르라 이것이 없이는 아무도 주를 보지 못하리라

롬 12:18 할 수 있거든 너희로서는 모든 사람과 더불어 화목하라

하나님의 자녀인 우리는 □□ 을 만드는 자가 되어야 합니다.

마 5:9 화평하게 하는 자는 복이 있나니 그들이 하나님의 아들이라 일컬음을 받을 것임이요

3. 다툼을 극복하는 길

1) 기억하세요

딤후 2:14 너는 그들로 이 일을 기억하게 하여 말다툼을 하지 말라고 하나님 앞에서 엄히 명하라 이는 유익이 하나도 없고 도리어 듣는 자들을 망하게 함이라

잠 20:3 다툼을 멀리 하는 것이 사람에게 영광이거늘 미련한 자마다 다툼을 일으키느니라

다툼은 유익이 하나도 없고 미련한 것임을 명심해야 합니다.

2) 사소한 시비도 시작하지 마세요

잠 17:14 다투는 시작은 둑에서 물이 새는 것 같은즉 싸움이 일어나기 전에 시비를 그칠 것이니라

세계대전의 시작도 아주 사소한 다툼으로부터 시작되었습니다.

3) 신앙성숙을 위해 노력하세요

고전 3:3 너희는 아직도 육신에 속한 자로다 너희 가운데 시기와 분쟁이 있으니 어찌 육신에 속하여 사람을 따라 행함이 아니리요

성경은 다투는 크리스천은 육신에 속한 자, 곧 미성숙한 신자라고 진단하고 있습니다.

다툼
독서
재앙
안정감
평판
사단
섬김
인내
미디어1
미디어2

4. 타인과의 차이로 인한 갈등의 극복

- 항상 서로의 차이를 이해하게 해 달라고 기도하세요.
- 마음을 가라앉히고 어디서 차이가 났는지 살펴보세요.
- 다른 사람의 중심을 이해하려고 노력해보세요.
- 상대방의 입장에서 자신의 의견과 주장을 정리해보세요.
- 사소한 것은 양보를 하세요. 하나님의 보상이 있음을 알게 될 것입니다.
- 자신이 잘못했다면 용기있게 시인하고, 상대방이 잘못했다면 과감하게 용서하세요.
- '넌 항상 그래', 혹은 '넌 절대로 못할 걸' 등등 단정적인 말은 사용하지 마세요.

나의 이야기

■ 생활하면서 다른 사람과 자주 부딪히는 문제를 적어보세요. 그리고 그것에 1~5까지 점수를 주어서 순위를 매겨봅시다. 점수가 높을수록 더 큰 골칫거리입니다.

■ 갈등이 일어난 사건의 배후에 숨어있는 고약한 원인이 무엇인지 보여달라고 하나님께 간구해보세요.

정답 | ①욕심 ②미움 ③교만 ④화평

주님이 우리를 대하시듯이

주님이 우리를 이해하시듯이 형제를 이해할 수 있게 도와주십시오.
비판과 비난이 하고 싶어질 때, 깊은 곳에 눈을 드리우는 관대함을 주십시오.
불쾌한 태도들이 눈에 비쳐올 때,
선의가 있었으나 표현이 서툴렀던 거라고 생각하게 해주십시오.
나쁜 버릇을 언제까지고 버리지 못할 때,
생각은 하면서도 고치지 못하고 있는 연약함을 보게 해주십시오.
괴팍스러우며, 차갑고, 무뚝뚝할 때,
몹시도 사랑을 바라면서 수줍음 때문에 온유한 태도를 취하지 못함을 깨닫게 해주십시오.
그 사람의 태도를 도무지 이해할 수 없을 때,
주님만이 아시는 개개인의 차이를 존중하고 넓게 볼 수 있는 법을 가르쳐 주십시오.
주님이 우리를 소중히 여기시듯이 소중히 여기는 마음을 갖게 해주십시오.
그는 주님이 십자가에 오르심으로,
하나님의 자녀가 되게 해주신 존재라는 사실을 기억하게 해주십시오.
그에게 해당되지 않는 장점을 찾아내려거나, 혹은 단점에만 집착하지 않고,
그가 가진 긍정적인 면을 보고 그를 존중하게 해주십시오.
자신도 모르는 사이에 인간의 마음속에 놀라운 변화를 가져오시는
하나님의 은혜와 역사하심에 대해 기대하는 마음을 갖게 해주십시오.
주님이 우리를 용서해 주시듯이 우리도 이웃을 용서할 줄 알게 해주십시오.
잠시라도 마음에 원한을 품고 있는 일 없이 즉시 용서할 줄 알게 해주십시오.
입으로만 아니라 마음으로부터 모든 것을 용서할 줄 알게 해주십시오.
조건을 붙이거나 제한을 두지 않고 온전히 용서할 줄 알게 해주십시오.
저도 많은 용서를 받고 있으니 모쪼록 겸허히 용서할 줄 알게 해주십시오.
그리하여 무례나 모욕을 전혀 받지 않을 것처럼 그를 대하며 이전보다 더 소중히 여기고,
그를 위해 기도해 줄 수 있는 사람이 되게 해주십시오.

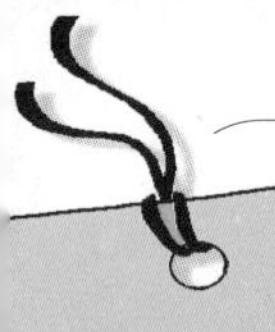

먼저읽기

이미 굳어진(Formation) 사람이 변화(Transformation)되기 위해서는 정보(Information)가 필요합니다.
성경은 우리를 온전케 하시기 위한 하나님의 좋은 정보입니다.
하나님의 안내서를 가진 사람은 큰 평안 가운데 계속적으로 성장할 수 있습니다.
"주의 법을 사랑하는 자에게는 큰 평안이 있으니 그들에게 장애물이 없으리이다"(시 119:165).

성경과 경건서적

마음열기

최근에 읽은 좋은 책이나 요즘 가장 읽고 싶은 양서가 있다면 무엇입니까?

생각하기

1. 성경읽기의 효과

오늘날 우리가 살고 있는 세상은 하루가 다르게 발전해 갑니다.
하지만, 이처럼 새로운 정보와 새로운 매체가 홍수처럼 쏟아지는 이 시대에도 수천 년 전에 기록된 성경은 유효하고 가장 강력한 능력을 가진 진리입니다.

막 13:31 천지는 없어지겠으나 내 말은 없어지지 아니하리라

1) 성경 읽기에는 다음과 같은 네 가지의 효능이 있습니다.

딤후 3:16 모든 성경은 하나님의 감동으로 된 것으로(㉠)과 (㉡)과 (㉢)과 (㉣)하기에 유익하니

㉠ ☐☐ : 옳은 길을 택하도록 가르쳐 줌
㉡ ☐☐ : 어디에서 빗나갔는지 지적함
㉢ ☐☐☐☐ : 바른 길로 돌아오는 방법을 알려 줌
㉣ ☐☐☐☐ : 어떻게 의롭게 살 수 있는지 실제적인 지도를 줌

2) 딤후 3:17 이는 하나님의 사람으로 온전하게 하며 모든 선한 일을 행할 능력을 갖추게 하려 함이라

성경은 두 가지 면에서 우리를 온전하게 만들어줍니다.
곧 성경은 우리를 인격적으로 온전한 성품을 갖추게 해줄 뿐만 아니라 하나님의 일을 감당할 수 있는 능력도 구비시켜주는 것입니다.

성경은 우리를 온전케 하기 위해 제공되는 하나님의 좋은 정보입니다. 그러므로 이 말씀을 읽을 때 우리에게는 거룩한 불만족이 생기고 이것이 뜨거운 소원으로 바뀌게 됩니다.

렘 23:29 여호와의 말씀이니라 내 말이 불 같지 아니하냐 바위를 쳐서 부스러뜨리는 방망이 같지 아니하냐

눅 24:32 그들이 서로 말하되 길에서 우리에게 말씀하시고 우리에게 성경을 풀어 주실 때에 우리 속에서 마음이 뜨겁지 아니하더냐 하고

바로 이 불타는 소원이 삶을 바꾸어 놓는 원동력이 되는 것입니다.

2. 성경과 청소년

특별히 청소년기에는 성경 읽기가 더욱 중요합니다.

시 119:9 청년이 무엇으로 그의 행실을 깨끗하게 하리이까 주의 말씀만 지킬 따름이니이다

청소년기의 많은 유혹들에 넘어지지 않기 위해서는 주의 말씀을 마음에 두어야 합니다.

시 37:31 그의 마음에는 하나님의 법이 있으니 그의 걸음은 실족함이 없으리로다

청소년기는 육체뿐만 아니라 영적으로도 가장 많이 성장해야 할 때입니다. 성경은 영적 성장을 위한 신령한 젖입니다.

벧전 2:2 갓난 아기들 같이 순전하고 신령한 젖을 사모하라 이는 그로 말미암아 너희로 구원에 이르도록 자라게 하려 함이라

3. 성경을 어떻게 읽을 것인가?

1) 의지를 갖고 꾸준히 읽으세요

시 119:23-24 고관들도 앉아서 나를 비방하였사오나 주의 종은 주의 율례들을 작은 소리로 읊조렸나이다 주의 증거들은 나의 즐거움이요 나의 충고자니이다

나랏 일 때문에 항상 분주했던 다윗 왕은 그럼에도 불구하고 늘 말씀을 가까이 했습니다.

2) 기도하는 마음으로 읽으세요

시 119:73 주의 손이 나를 만들고 세우셨사오니 내가 깨달아 주의 계명들을 배우게 하소서

하나님은 우리의 창조주시며 또한 성경의 저자이십니다.
그러므로 우리는 성경을 배울 때 하나님께 기도해야 합니다.
다니엘은 예레미야서의 말씀을 읽게 되었을 때 그 뜻을 더욱 깊이 알기 위해 금식하였습니다. 그때 하나님은 그에게 칭찬하시고 놀라운 깨달음을 주셨습니다.

단 10:12 그가 내게 이르되 다니엘아 두려워하지 말라 네가 깨달으려 하여 네 하나님 앞에 스스로 겸비하게 하기로 결심하던 첫날부터 네 말이 응답 받았으므로 내가 네 말로 말미암아 왔느니라

3) 경건 서적과 함께 읽으세요
성경은 삶의 원리를 제공하지만 구체적인 삶의 기술까지 발견하기는 쉽지 않습니다. 우리가 살고 있는 삶의 현장에서 성경에 나타난 원리를 적용할 수 있도록 도와주는 책이 경건 서적입니다. 경건 서적을 함께 읽을 때 성경이 더 깊이 이해되고, 성경을 더욱 사모하게 됩니다.

나의 이야기

■ 이번 달 동안에 복음서 한 권, 역사서(사도행전), 그리고 서신서 한 권을 꼭 읽을 수 있도록 결심하고 계획표에 옮겨봅시다.
예) 누가복음(24장). 사도행전(28장), 히브리서(13장) – 총 65장 매일 2장씩 읽기

■ 꼭 읽을 경건 서적 2권을 선택하고, 사기 위해 기독교 서점에 갈 계획을 세워봅시다.

정답 | ㉠교훈 ㉡책망 ㉢바르게 함 ㉣의로 교육

성경을 읽지 못하게 하는 사단

우리는 성경책을 펴본 적도 없는 그리스도인들이 참으로 많다는 것을 알고 있습니다.
이것은 하나님의 말씀이 우리의 영적 삶을 위해 제공하는 놀라운 자원들을 알게 될 때
깜짝 놀라지 않을 수 없는 사실입니다.
시편의 저자 다윗은 이런 고백을 했습니다.
"내가 주의 증거들에 매달렸사오니 여호와여 내가 수치를 당하지 말게 하소서"
(시 119:31).
그는 마치 초강력 접착제가 묻어 있는 손에 성경이 붙어
있는 것처럼 자기가 어디로 가든지 말씀이 그와 함께
한다고 고백하고 있는 것입니다.
위대한 성경학자인 피어슨 박사는 50년 동안 매일
아침 5시부터 8시까지 성경을 읽었다고 합니다.
그가 죽던 해 그는 한 동료에게 이렇게 말했다고
합니다.
"나는 지금까지 겉만 훑었을 뿐이고 이제야 파고
들어가려 하는 중일세!"
믿음의 사람 조지 뮐러는 이런 말을 한 적이 있습니다.
"내가 지금까지 즐거운 마음으로 섬기는 삶을 살 수 있
었던 것은 무엇보다 성경을 사랑했기 때문이라고 생각합니다. 나는 일 년에 네 번 성경을
기도하는 마음으로 통독했으며 거기서 발견한 것을 내 삶에 적용하고 실천하기를 힘썼습
니다. 그리하여 나는 지금까지 69년 동안 늘 기쁨이 넘치는 삶을 살 수 있었습니다."

도슨 트로트맨이 자주 하던 말이 있습니다.
"하나님의 말씀이 당신을 죄로부터 막아주든지 죄가 당신을 하나님의 말씀으로부터 막아
버리든지 할 것이다."

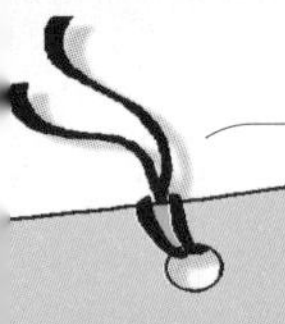

먼저읽기

시편에서 시인은 다음과 같은 놀라운 고백을 하고 있습니다.
"하나님은 우리의 피난처이시며, 우리의 힘이시며, 재난이 있을 때에는 우리 곁에 계시는 구원자이시니, 땅이 흔들리고 산이 무너져 바다 속으로 빠져들어도, 우리는 두려워하지 않습니다. 바닷물이 넘실거리고 파도가 치고 사나운 바다에 산들이 뒤흔들려도 우리는 두려워하지 않을 것입니다"(시 46:1-3).

재앙 어떻게 볼 것인가?

마음열기

최근에 일어난 천재지변이나 전쟁 등의 재앙 중 가장 기억에 남는 것은 무엇입니까?

생각하기

1. 타락한 자연으로 말미암는 재앙

재앙을 대하게 될 때 흔히 '하나님께서 왜 이런 비극을 주실까?' 하는 의문을 갖게 됩니다. 그러나 대부분의 재앙은 인간과 자연의 타락으로 말미암아 자연스럽게 오는 것입니다.

창 3:17 아담에게 이르시되 네가 네 아내의 말을 듣고 내가 네게 먹지 말라 한 나무의 열매를 먹었은즉 땅은 너로 말미암아 저주를 받고 너는 네 평생에 수고하여야 그 소산을 먹으리라

하나님께서 주신 황홀한 자연과 하나님의 형상으로 빚은 위대한 인간은 죄로 말미암아 파멸의 길을 걷게 되었습니다. 그래서 마치 고장난 기계처럼 땅은 기근과 홍수, 지진과 화산 폭발 등을 일으키게 되었고, 인간의 무자비한 개발과 오염 등으로 인해 더욱 탄식하고 있습니다.

롬 8:22 피조물이 다 이제까지 함께 탄식하며 함께 고통을 겪고 있는 것을 우리가 아느니라

2. 사단으로 말미암는 재앙

공중 권세를 잡고 있는 사단은 이 땅에서 일어나는 재앙에 강력한 영향력을 미치고 있습니다.

유대 땅에서 일어난 잔혹한 유아 학살은 사단이 인간의 시기심을 통로로 하여 하나님 나라가 임하는 것을 막기 위해 일으킨 만행이었습니다. 저주받아야 마땅한 사단은 오늘도 전쟁과 학살의 배후에서 추악한 역사를 계속하고 있습니다.

마 2:16 이에 헤롯이 박사들에게 속은 줄 알고 심히 노하여 사람을 보내어 베들레헴과 그 모든 지경 안에 있는 사내아이를 박사들에게 자세히 알아본 그 때를 기준하여 두 살부터 그 아래로 다 죽이니

3. 하나님으로 말미암는 재앙

재앙이 하나님의 심판의 결과로 오는 경우도 있습니다. 하지만, 하나님의 심판에는 원칙이 있습니다. 하나님은 노하기를 더디하는 분이십니다. 만약 하나님이 우리의 죄대로 재앙을 내리셨다면 이 세상은 벌써 오래전에 멸망하고 말았을 것입니다.

렘 29:11 여호와의 말씀이니라 너희를 향한 나의 생각을 내가 아나니 평안이요 재앙이 아니니라 너희에게 미래와 희망을 주는 것이니라

하나님의 심판은 죄가 가득 차 넘칠 때까지 유보됩니다.
하나님의 심판으로 말미암는 재앙은 음란이 가득했던 소돔과 고모라, 이스라엘의 사내아이들을 다 수장시켜 죽일 만큼 완악해졌던 이집트, 어리석은 우상숭배로 가득 찼던 가나안 등 죄악이 완전히 가득 찬 곳에만 임하게 됩니다.

창 15:16 네 자손은 사대 만에 이 땅으로 돌아오리니 이는 아모리 족속의 죄악이 아직 가득 차지 아니함이니라 하시더니

4. 재앙을 볼 때 생각해야 하는 것

믿음의 사람은 어떤 상황에서도 두려워할 필요가 없습니다. 재앙을 만날 때 신자가 취해야 할 바른 행동은 아래와 같습니다.

1) ☐☐

눅 13:4–5 또 실로암에서 망대가 무너져 치어 죽은 열여덟 사람이 예루살렘에 거한 다른 모든 사람보다 죄가 더 있는 줄 아느냐 너희에게 이르노니 아니라 너희도 만일 회개하지 아니하면 다 이와 같이 망하리라

재앙은 직접적으로 죄 때문에 일어나거나 간접적으로 죄로 말미암은 타락 때문에 일어난 것입니다. 그러므로 재앙을 볼 때 우리는 자신을 살피며 회개하는 겸손함을 가져야 합니다.

2) ☐☐을 준비함

막 13:8 민족이 민족을, 나라가 나라를 대적하여 일어나겠고 곳곳에 지진이 있으며 기근이 있으리니 이는 재난의 시작이니라

성경은 대규모의 재앙이 종말과 심판에 대한 징조임을 분명하게 말씀하고 있습니다.
그러므로 이런 일들을 볼 때에 성도들은 깨어 근신해야 할 것입니다.

3) [ ][ ] 가운데 있는 자를 돌아봄

약 1:27 하나님 아버지 앞에서 정결하고 더러움이 없는 경건은 곧 고아와 과부를 그 환난 중에 돌보고 또 자기를 지켜 세속에 물들지 아니하는 그것이니라

하나님이 요구하시는 참된 경건은 환난 중에 있는 자를 돌아보는 것입니다.
고난 중에 있는 사람들을 볼 때 우리가 할 일은 판단할 것이 아니라 하나님의 사랑으로 돌아보는 것입니다.

다통 독서 재앙 안정감 평판 사단 섬김 인내 미디어1 미디어2

나의 이야기

■ 만약 천재지변이 일어나 오늘이 나의 마지막 날이 된다면 어떻겠습니까? 나에게는 가족이나 친구들에게 후회될 일이 남아 있지 않습니까?

■ 우리가 도와야 할 재앙 중에 있는 사람은 없는지 살펴보고 어떤 도움을 줄 수 있을지 의논해봅시다.

정답 | ①회개 ②심판 ③환난

악과 고통에 대한 성경의 답변

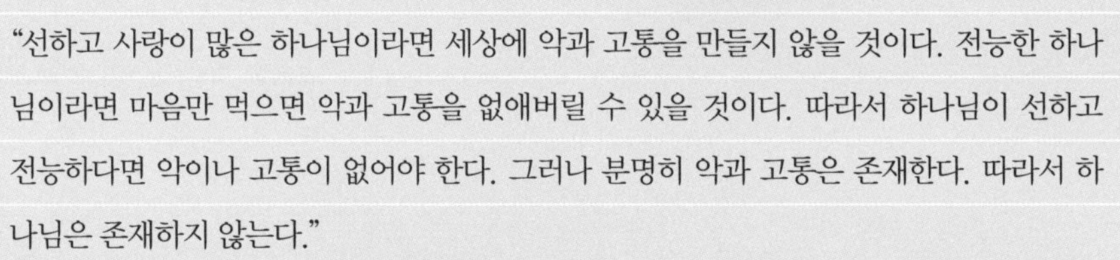

많은 사람이 세상에 있는 악과 고통의 문제가 선한 하나님이 존재하지 않는 증거라고 주장합니다. 그들의 논리는 이런 것입니다.

"선하고 사랑이 많은 하나님이라면 세상에 악과 고통을 만들지 않을 것이다. 전능한 하나님이라면 마음만 먹으면 악과 고통을 없애버릴 수 있을 것이다. 따라서 하나님이 선하고 전능하다면 악이나 고통이 없어야 한다. 그러나 분명히 악과 고통은 존재한다. 따라서 하나님은 존재하지 않는다."

이 논리는 언뜻 보기에 그럴 듯합니다. 하지만, 하나님께서 이 세상의 모든 악을 남김없이 모조리 없애버리신다고 생각해 보십시오. 그렇다면, 우리는 어디에 있겠습니까? 우리 모두는 그것과 함께 멸망당하지 않겠습니까?

솔직히 우리 자신이 문제의 악과 죄인 것입니다. 그래서 단순히 악을 제거하는 것이 악과 고통에 관한 문제의 해답이라면 우리에게는 아무런 희망도 없게 됩니다.

하지만, 성경은 고통이 실재하는 세상에 있는 우리들에게 소망의 근거를 제공해줍니다. 성경은 하나님께서 우리의 고통을 감찰하신다고 가르치고 있습니다. 또 예수님은 친히 고통 가운데 사셨으며, 배고픔과 비통함과 절망과 죽음을 아신다고 말하고 있습니다. 하나님께서는 우리의 고통에 대해 무관심하시거나 이해 못하시지 않습니다.

또 성경은 비록 하나님께서 악과 고통을 만들지 않으셨고 원하지도 않으시지만 그것을 활용하실 수 있고 또 그렇게 하신다고 가르칩니다.

세상에 악이 있기 때문에 많은 사람이 선을 갈구하게 되었습니다. 세상에 고통이 있기 때문에 그렇지 않으면 불가능했을 훌륭한 인격들–용기, 인내, 자기희생, 동정심–이 있게 되었습니다.

마지막으로 성경은 하나님께서 악과 고통의 문제를 이미 정복하셨다고 선언합니다. 바로 무덤에서 부활하신 예수 그리스도의 승리는 악과 고통에서 인류의 운명을 건질 수 있다는 보증이 되는 것입니다. 세상에 있는 악과 고통의 문제는 도리어 선하신 하나님의 구원이 필요함을 깨닫게 하는 증거(testimony)입니다.

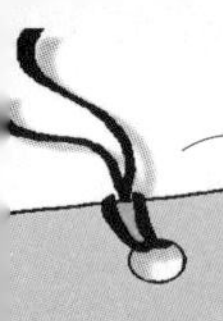

먼저읽기

중국내지선교회의 창시자인 허드슨 테일러는 선교지에서 사랑하는 아내와 아이들을 질병으로 떠나 보내게 되었을 때, 동료 선교사가 폭동에 의해 처형되었다는 소식을 듣게 되었을 때에 혼자 조용히 피아노 앞으로 나아가 이렇게 찬양했다고 합니다.
"나는 예수 그 품 안에서 쉬면서 기뻐하네. 나는 아네. 주님의 크신 사랑을 아네."

참된 안정감

마음열기

여러분은 허드슨 테일러처럼 상황에 의해 흔들리지 않는 안정감을 느껴본 적이 있습니까?

생각하기

1. 정말 안전한가?

아래의 예 중 여러분이 가진 안정감의 근거는 무엇입니까?

- 오르는 성적
- 자신의 재능이나 외모
- 이성과의 연애
- 친구와의 우정
- 부모님의 사랑
- 윤택한 가정형편
- 사람들

아래의 예 중 여러분이 두려워하는 일은 무엇입니까?

- (이성)친구의 절교 선언
- 부모님이 돌아가시는 것
- 대학입시 낙방
- 암 선고
- 갑자기 재능이 둔해지는 것
- 부모님의 사업 부도
- 왕따 당하는 것

이 세상은 사실 비참한 기아나 전쟁과 테러, 강력범죄, 천재지변 등 이보다 더한 일들이 날마다 일어나고 있는 곳입니다. 당신의 인생에 이런 격변이 찾아올 때 당신이 가지고 있는 안정감을 잃어버리지 않을 수 있을까요?

2. 참된 안정감

1) 성경은 참된 안정감을 줄 수 없는 것에 대해 다음과 같이 말하고 있습니다.

■ ☐☐

잠 29:25 사람을 두려워하면 올무에 걸리게 되거니와 여호와를 의지하는 자는 안전하리라

많은 사람이 안정감을 사람(부모, 친구, 이성, 사람들의 인정 등등)에게서 찾으려 하고 이 때문에 그 사람을 잃을까 두려워합니다. 그러나 사람이 여러분에게 줄 수 있는 안정감에는 한계가 있습니다. 그들 역시 자신의 삶의 문제에서 자유하지 않으며 어쩌면 여러분보다 더 깊이 불안해하고 있을지도 모르기 때문입니다.

■ ☐☐

고후 1:9 우리는 우리 자신이 사형 선고를 받은 줄 알았으니 이는 우리로 자기를 의지하지 말고 오직 죽은 자를 다시 살리시는 하나님만 의지하게 하심이라

많은 사람이 자신이나 자기가 소유한 것(성적, 돈, 재능, 건강 등등)을 의지합니다. 그러나 자기를 의지하는 자는 종종 죽음과 같은 실망에 빠질 수밖에 없습니다.

2) 성경은 오직 참된 안정감은 ☐☐☐ 으로부터만 올 수 있다고 말씀합니다. 아래에 나오는 한 시인의 담대한 고백을 들어 보세요.

시 46:1-3 하나님은 우리의 피난처시요 힘이시니 환난 중에 만날 큰 도움이시라 그러므로 땅이 변하든지 산이 흔들려 바다 가운데에 빠지든지 바닷물이 솟아나고 뛰놀든지 그것이 넘침으로 산이 흔들릴지라도 우리는 두려워하지 아니하리로다

잠 29:25 사람을 두려워하면 올무에 걸리게 되거니와 여호와를 의지하는 자는 안전하리라

고후 1:9 우리는 우리 자신이 사형 선고를 받은 줄 알았으니 이는 우리로 자기를 의지하지 말고 오직 죽은 자를 다시 살리시는 하나님만 의지하게 하심이라

성경은 하나님을 의지하는 자들의 안정감은 하나님의 어깨 사이에 있게 된다고 약속하십니다.

신 33:12 베냐민에 대하여는 일렀으되 여호와의 사랑을 입은 자는 그 곁에 안전히 살리로다 여호와께서 그를 날이 마치도록 보호하시고 그를 자기 어깨 사이에 있게 하시리로다

어깨 사이에 있게 하는 방법은 안거나 업는 두 가지뿐입니다. 곧 하나님을 의지하는 자는 그의 품에 안기거나 등에 업혀있다는 말입니다.

3. 하나님을 의지하는 길

1) 하나님의 확실한 약속을 믿으세요

사 41:10 두려워하지 말라 내가 너와 함께 함이라 놀라지 말라 나는 네 하나님이 됨이라 내가 너를 굳세게 하리라 참으로 너를 도와 주리라 참으로 나의 의로운 오른손으로 너를 붙들리라

마음이 안정감을 잃고 두려울 때, 이 구절을 믿음으로 암송해보세요. 큰 힘이 될 것입니다.

2) 순간 순간 하나님께 기도하세요

시 62:8 백성들아 시시로 그를 의지하고 그의 앞에 마음을 토하라 하나님은 우리의 피난처시로다

시 12:5 여호와의 말씀에 가련한 자들의 눌림과 궁핍한 자들의 탄식으로 말미암아 내가 이제 일어나 그를 그가 원하는 안전한 지대에 두리라 하시도다

하나님은 진실되게 기도하는 자에게 언제나 참된 평안을 주십니다.

나의 이야기

■ 다른 사람과 자기 자신에게 안정감의 근거를 두었던 것을 회개하고, 오직 하나님께 자신의 안정감을 두겠다는 기도를 드립시다.

■ 지금 나를 가장 두렵게 하는 문제들에 대해 믿음의 고백과 기도를 하나님께 올려드립시다.

정답 | ①사람 ②자기 ③하나님

하나님의 불변성

우리 피조물이 가장 찬양 드릴 하나님의 성품 중 하나는 그분의 불변성입니다.
우리는 어느 때든 '그분께 나아가면 우리를 반가운 빛으로 맞아주실까?' 하고 염려할 필요가 없습니다.
하나님은 결코 기분을 바꾸시거나 애정이 식거나 하지 않으시기 때문입니다.

이 같은 하나님의 불변성은 세상을 조리 있게 지탱하고 있는 영적인 중력입니다.
만약 하나님이 우리 인간과 같이 변덕이 심했다면 이 세상은 벌써 오래전에 폐허가 되고 말았을 것입니다.
우리가 금방 끓고 금방 식는 주전자 같다면 하나님은 태평양과 같습니다.
하나님은 바다가 그 속에 가라앉은 주전자를 가득 채우듯이 우리를 가득 채우십니다.
우리가 항상 기억할 것은 모든 변화가 우리 쪽에 있다는 사실입니다.
우리가 때로 기쁨에 넘치고 때로 슬픔에 빠지는 것은 하나님을 대하는 우리의 위치가 이리저리 변하고 있기 때문입니다.
자연과 인간이 어우러진 우리 작은 세계 안에도 너무 많은 변화와 혼동이 북적이지만 하나님 안에는 회전하는 그림자조차도 볼 수 없습니다.
"예수 그리스도는 어제나 오늘이나 영원토록 동일하시니라"(히 13:8).

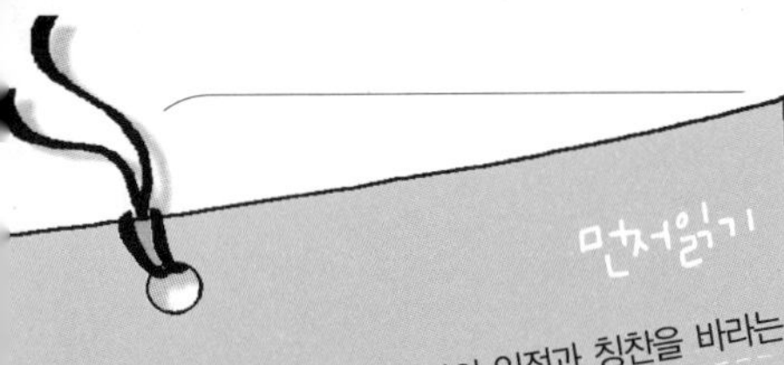

좋은 평판 가지기

세상 사람들의 마음에는 사람의 인정과 칭찬을 바라는 욕망이 깊이 뿌리박고 있습니다. 그래서 그들은 사람의 말에 의해서 쉽게 좌우됩니다.

하지만, 믿는 사람들에게는 하나님의 말씀이라는 흔들리지 않는 기준이 있습니다.

그래서 신자는 비록 모든 친구에게 버림을 받게 되어도, 온 인류가 대항해 온다 할지라도 요동치 않고 자유롭게 하나님의 뜻을 행할 수 있습니다.

초대 교부인 아타나시우스를 협박하기 위해 재판장들이 "온 세상이 너를 대항하고 있다"라고 말하자 아타나시우스는 "그렇다면, 내가 온 세상을 대항하노라!"라고 말했습니다.

하나님을 기쁘시게 하려는 욕망이 신자를 가장 아름답게 만드는 것입니다.

나는 사람들의 말에 의해 쉽게 좌우되는 편입니까? 나에게는 아타나시우스에게 있던 담대한 확신이 있습니까?

1. 신자의 평판

평판이란 말을 들어봤습니까? 그것은 여러분이 어디를 가든지 따라다닙니다.
현재 여러분의 평판은 어떻습니까? 아래의 8쌍의 예에서 찾아보세요.

☐ 힘든 일도 마다하지 않는다	☐ 정직하다	☐ 성실하다	☐ 동정심이 많다
☐ 힘든 일은 피한다	☐ 부정직하다	☐ 기분대로다	☐ 남의 일에 무관심하다
☐ 다른 사람을 배려한다	☐ 지혜롭다	☐ 긍정적이다	☐ 유순하다
☐ 자기만 생각한다	☐ 경솔하다	☐ 부정적이다	☐ 사납다

성경은 우리에게 좋은 평판을 세상의 다른 어떤 것보다 더 귀히 여기라고 말씀합니다.

잠 22:1 많은 재물보다 명예를 택할 것이요 은이나 금보다 은총을 더욱 택할 것이니라
전 7:1 좋은 이름이 좋은 기름보다 낫고 죽는 날이 출생하는 날보다 나으며

신약 교회의 직분자를 세우는 주요 기준에도 사람들의 평판이 들어가 있었습니다.

행 6:3 형제들아 너희 가운데서 성령과 지혜가 충만하여 칭찬 받는 사람 일곱을 택하라 우리가 이 일을 그들에게 맡기고

신자가 좋은 평판을 가져야 하는 이유는 우리에게 하나님의 이름이 걸려 있기 때문입니다. 우리의 평판은 사람들을 하나님께 나아오도록 할 수 있고 반대로 하나님 곁을 떠나도록 할 수도 있습니다.
롬 2:24 기록된 바와 같이 하나님의 이름이 너희 때문에 이방인 중에서 모독을 받는도다

2. 좋은 평판을 얻는 법

1) □□대로 행하기

신 4:5-6 내가 나의 하나님 여호와께서 명령하신 대로 규례와 법도를 너희에게 가르쳤나니 이는 너희가 들어가서 기업으로 차지할 땅에서 그대로 행하게 하려 함인즉 너희는 지켜 행하라 이것이 여러 민족 앞에서 너희의 지혜요 너희의 지식이라 그들이 이 모든 규례를 듣고 이르기를 이 큰 나라 사람은 과연 지혜와 지식이 있는 백성이로다 하리라
성경의 가르침대로 살 때 세상 사람들은 우리를 좋게 생각하고 칭찬할 수밖에 없습니다.
우리가 가진 성경은 가장 공의롭고 완전한 법도이기 때문입니다(신 4:8).

2) □□□께 순종하기

롬 14:17-18 하나님의 나라는 먹는 것과 마시는 것이 아니요 오직 성령 안에 있는 의와 평강과 희락이라 이로써 그리스도를 섬기는 자는 하나님을 기쁘시게 하며 사람에게도 칭찬을 받느니라
우리 안에 계신 성령의 인도를 받는 삶, 곧 성령님의 힘으로 의롭게 기쁨으로 평화를 추구하며 사는 사람은 세상 사람들에게 좋은 평판을 받게 되어 있습니다.

3. 평판 바꾸기

1) 눅 6:26 모든 사람이 너희를 칭찬하면 화가 있도다 그들의 조상들이 거짓 선지자들에게 이와 같이 하였느니라
그런데 하나님보다 사람의 시선을 더 의식한다면 좋은 평판을 받겠다는 마음을 내려놓아야 합니다.

여러분은 어떠한 상황에 부딪혔을 때 남들이 나를 어떻게 볼까 하는 것에 더 신경을 씁니까? 아니면 하나님의 평가에 우선순위를 두고 있습니까?

2) 마 12:34-35 독사의 자식들아 너희는 악하니 어떻게 선한 말을 할 수 있느냐 이는 마음에 가득한 것을 입으로 말함이라 선한 사람은 그 쌓은 선에서 선한 것을 내고 악한 사람은 그 쌓은 악에서 악한 것을 내느니라

자기 내면의 모습을 바꾸지 않으면서 겉으로 드러나는 이미지만 바꾸는 것은 헛일입니다.

3) 갈 6:9 우리가 선을 행하되 낙심하지 말지니 포기하지 아니하면 때가 이르매 거두리라

꾸준히 하십시오. 나쁜 평판을 회복시키는 데는 몇 개월, 심지어 몇 년이 걸릴 수도 있습니다. 그러나 포기하지 않고 계속 노력하면 반드시 좋은 열매가 있을 것입니다.

4) 마 5:11 나로 말미암아 너희를 욕하고 박해하고 거짓으로 너희를 거슬러 모든 악한 말을 할 때에는 너희에게 복이 있나니

우리의 잘못이 아니라 진리 때문에 모함을 받고 나쁜 평판을 가지게 된다면 도리어 기뻐하십시오.

나의 이야기

■ 지금까지 나의 모습으로 인해 하나님의 이름이 모독받은 적이 있다면 회개하고 하나님의 자녀로서 온전한 삶을 살 수 있게 해달라고 기도합시다.

■ 나의 평판을 어떻게 바꿀 것인지 구체적인 방법들을 생각해봅시다.

정답 | ①성경 ②성령님

사람이 깃드는 신앙

나무는 생수의 근원에 이르기까지 보이지 않는 곳에서부터 자라 나갑니다.
그리고 뿌리가 물에 닿고 나면 비로소 땅 위에 가지들이 뻗어나고 생명을 펼칩니다.
그 후에는 열매가 맺히게 되고 마침내 하늘의 새들이 그 가지에 집을 짓는 순간이 오게 됩니다.
하지만, 땅바닥에 뿌리를 뻗는다는 것은 언제나 어렵고 고된 일입니다.
흙에 짓눌려 거의 질식할 것 같은 가운데서 돌을 녹이기도, 메마른 지층을 가로지르기도 해야 합니다. 게다가 그런 힘겨움은 다른 사람들에게는 보이지도 않는 것입니다.
물론 합성수지로 만든 화려한 크리스마스 트리나 아름답고 진짜 같은 실내 장식용 나무들같이 이런 노력을 안 들이는 나무들도 있습니다.
하지만, 이런 나무들에는 열매가 맺히는 일도, 새가 보금자리를 짓는 일도 결코 없습니다.
인스턴트 시대를 사는 현대 그리스도인들은 마치 '마음껏 먹으면서 다이어트를 하는 것 같이 손쉬운 방법으로 신앙을 성장시킬 수 없을까?' 하는 생각을 하곤 합니다.
하지만, 이런 소원들은 다 허사입니다. 신앙생활에는 지름길이 없습니다.
수련회에서 한두 번 열렬히 찬양을 하고 눈물을 흘린다 해서 신앙이 완성되지 않습니다.
신앙이 자라는 것은 마치 한 그루의 나무가 성장하는 것과 같습니다.
하나님을 알고자 하는 사람은 하나님께 시간을 바쳐야만 합니다.
뿌리를 내리는 것 같은 연단과 인내의 시간을 통하여 자아가 분쇄되어지는 시간이 필요합니다.
뿌리를 내리는 수고를 하지 않고도 얼마든지 신앙이 좋은 것처럼 흉내낼 수는 있습니다.
원래 겉모습만으로는 신앙의 정도를 구분할 수 없기 때문입니다.
그러나 겉은 흉내낼 수 있어도 생명은 흉내낼 수 없습니다.
그런 사람에게서는 결코 사람들이 깃들지 않으며, 향기나는 열매도 찾을 수 없습니다.

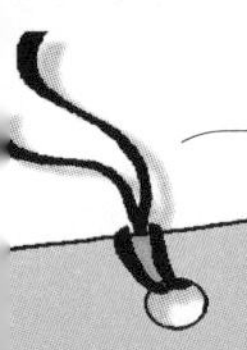

먼저읽기

많은 사람이 사단의 존재에 대해 부인합니다. 하지만, 성경은 창세기부터 요한계시록까지 사단이 실존한다고 기록하고 있습니다. 실제 사단은 오늘도 인류 가운데서 엄청난 악행들을 자행하고 있습니다. 반대로 어떤 사람들은 사단의 실존을 믿는 정도가 아니라 그것에 대한 공포에 질려 두려움 가운데 살아가기도 합니다. 그러나 실상 사단은 우리의 대장되신 예수님께 이미 돌이킬 수 없이 패배를 당하고 머리가 깨어진 실패자에 불과합니다. 우리가 사단에 대해 제대로 알아야 하는 이유는 그의 간사한 속임수에 넘어지지 않고, 도리어 그를 이겨 발로 밟기 위함입니다.

사단 격파하기

마음열기

당신은 사단이 있다는 사실을 믿습니까? 당신에게는 사단에 대한 승리의 확신이 있습니까?

생각하기

어떤 사람들은 사단이 억압된 무의식의 충동이 상상 속에서 의인화되어 표출된 것이라고 말하며 사단의 실제를 부인합니다. 하지만, 성경에는 복음서에만 해도 사단이 스물아홉 번 등장하며, 그 중 스물다섯 번은 예수님에 의해 언급된 것입니다. 성경은 사단을 가리킬 때 모두 인칭대명사를 사용하고 있습니다. 사단은 단지 비인격적인 어떤 힘이 아니라 지식, 감정, 의지를 가진 인격적인 존재입니다. 또 성경에서는 사단을 우리의 원수라고 표현하고 있습니다. 원수를 잘 알아야지 싸움에서 이길 수 있습니다. 사단은 과연 어떤 존재일까요?

요한계시록 12장 9-11절을 찾아서 읽고 괄호를 채우세요.

9 (㉠)이 내쫓기니 (㉡) 곧 (㉢)라고도 하고 (㉣)이라고도 하며 (ⓐ)라 그가 땅으로 내쫓기니 그의 사자들도 그와 함께 내쫓기니라 10 내가 또 들으니 하늘에 큰 음성이 있어 가로되 이제 우리 하나님의 구원과 능력과 나라와 또 그의 그리스도의 권세가 나타났으니 (ⓑ) 곧 우리 하나님 앞에서 밤낮 참소하던 자가 쫓겨났고 11 또 우리 형제들이 (①)와 (②)으로써 그를 이겼으니 그들은 (③)

1. 사단의 이름에 나타난 특징

사단에게는 여러 가지 이름이 있습니다. 사단의 이름은 그 특징을 잘 보여줍니다.

㉠ □□ : 잔인한 본성과 파괴력을 나타냄.
㉡ □□ : 거짓됨과 교활함을 나타냄.
이상은 사단의 성격적인 특징을 보여주는 이름들입니다.

㉢ □□ (diabolos) : '비난자' 라는 뜻으로 사람에 대해 참소하고 비방하는 존재
㉣ □□ : '대적자' 라는 뜻으로 하나님을 대항하여 저항하는 존재
이상은 사단의 관계적인 특징을 보여주는 이름들입니다.

그 외에도 사단의 통치 영역을 보여주는 이름에는 다음과 같은 것이 있습니다.

- 이 세상의 신(고후 4:4) : 세상의 사고방식이나 흐름, 경향을 장악하고 있는 존재
- 공중의 권세 잡은 자(엡 2:2) : 그의 부하인 악한 영들을 통해 영계를 장악하는 존재

2. 사단이 하는 일

사단은 피조물이기 때문에 어디나 있고 무슨 일이나 할 수 있는 존재가 못 됩니다. 하지만, 그는 자신의 부하들인 세상의 보편적인 흐름, 인간의 악한 본성, 악한 영들을 통해 지금도 수많은 사람들에게 악한 일을 하고 있습니다.

ⓐ 사단이 하는 첫 번째 일은 거짓말입니다(계 12:9).

요 8:44 너희는…거짓을 말할 때마다 제 것으로 말하나니 이는 그가 거짓말쟁이요 거짓의 아비가 되었음이라

사단은 거짓말의 원조입니다. 거짓말쟁이인 사단은 하와를 꾐과 같이 오늘날도 우리를 속여 하나님의 선하심에 대해 의심하게 하고 불순종하고 교만하고 반항하도록 부추기고 있습니다.

ⓑ 사단이 하는 두 번째 일은 참소입니다(계 12:10).

사단은 자기 거짓말을 따르지 않고 그리스도를 따르는 신자들을 향해서는 참소하는 일을 합니다. 그런데 우리는 신자라도 육체를 가졌기에 이 참소 앞에서 매우 취약하여 고통을 당하게 됩니다.

사단이 이와 같은 거짓말과 참소를 통해 이루고자 하는 목표는 우리를 해하고 그리스도로부터 멀어지게 하려는 것뿐입니다.

요 10:10 도둑이 오는 것은 도둑질하고 죽이고 멸망시키려는 것뿐이요 내가 온 것은 양으로 생명을 얻게 하고 더 풍성히 얻게 하려는 것이라

고후 11:3 뱀이 그 간계로 하와를 미혹한 것 같이 너희 마음이 그리스도를 향하는 진실함과 깨끗함에서 떠나 부패할까 두려워하노라

3. 사단을 대적하는 방법

끊임없이 하나님에 관해 우리에게 거짓말을 하고 우리를 향해 하나님께 참소하는 사단을 이길 수 있는 방법은 세 가지입니다(계 12:11).

① 하나님의 사랑에 대해 거짓말하는 사단을 향해 우리가 힘있게 내밀 수 있는 것은 하나님의 사랑의 확증이신 예수 그리스도입니다(롬 5:8). 우리를 향해 피흘리신 예수님은 사단의 모든 거짓말과 참소를 이길 수 있는 가장 강력한 방법입니다.

② '증언하는 말씀' 이란 예수님을 믿음으로 말미암아 고백하는 승리의 선포를 의미합니다. 예수 그리스도 안에 있는 자에게는 승리가 확정되어 있습니다. 믿음의 고백은 사단의 거짓과 참소를 무찌르는 강력한 무기입니다.

요일 4:4 자녀들아 너희는 하나님께 속하였고 또 그들을 이기었나니 이는 너희 안에 계신 이가 세상에 있는 자보다 크심이라

③ 우리가 실패하는 이유는 죄를 미워하고 피흘리기까지 싸우는 마음이 없기 때문입니다. 성도는 죽기를 두려워하지 않고 죄와 사단에 대해 싸워야 합니다.

히 12:4 너희가 죄와 싸우되 아직 피흘리기까지는 대항하지 아니하고

나의 이야기

■ 내 삶 가운데 사단이 가장 많이 하는 일은 무엇입니까?

■ 사단을 대적하는 데 있어 나는 어떤 부분에서 가장 부족했습니까?

어린양의 피 :

증거하는 말 :

죄를 미워하는 마음 :

그 외 :

정답 | ㉠큰 용 ㉡옛 뱀 ㉢마귀 ㉣사단
ⓐ온 천하를 꾀는 자 ⓑ우리 형제들을 참소하던 자
①어린 양의 피 ②자기들이 증언하는 말씀 ③죽기까지 자기들의 생명을 아끼지 아니하였도다

하나님이 주시는 마음

우리의 생각 속에는 하나님이 주시는 마음과 사단이 주는 마음들이 섞여 있습니다. 그런데 사단은 자기가 주는 마음을 마치 하나님께서 주시는 마음처럼 위장하여 우리를 속이곤 합니다. 우리가 어떤 일을 할 때면 자주 이런 생각이 듭니다.

"너 같은 게 어떻게 이걸 하겠니? 에이구~ 또 형편없이 실패할 거야!"

"넌 지금 이 일을 심하게 잘못하고 있어! 하나님께서 지금 너를 보면서 시원찮은 녀석, 건방진 녀석 하고 연방 탄식하고 계셔."

"네가 이러면 그 친구가 분명히 너 대신 벌과 저주를 받게 될 거야."

그런데 사단은 이런 식의 두려움, 걱정, 부정적인 해석과 예견을 항상 하나님께서 주시는 겸손의 마음으로 위장하여 우리에게 줌으로 우리는 깊은 고민과 염려를 하게 됩니다.

그래서 우리는 그 일을 하면서 안절부절하게 되고 시간과 의욕을 잃어버리고 무기력의 늪으로 빠져듭니다.

일을 하려고 할 때 두려움을 주는 것은 하나님이 아닌 사단이 주는 마음입니다.

선한 일을 하려 할 때 하나님께서 주시는 마음은 '믿는 자에겐 능치 못한 일이 없어. 넌 이걸 아주 잘 할거야' 하는 능력의 마음입니다.

'판단하실 이는 하나님이셔. 지금 하고 있는 일의 성과를 판단하고 염려하는 데 시간을 빼앗기지 말고 더 정신 차려서 일해!' 하는 근신의 마음입니다.

'이 일을 하는 지금 넌 하나님께 사랑받고 있어. 그리고 중심을 보시는 하나님께선 네가 하나님을 얼마나 사랑하는지도 잘 알고 계셔' 하는 사랑의 마음입니다.

무슨 일을 하게 될 때 이 말씀을 꼭 기억합시다!

"하나님이 우리에게 주신 것은 두려워하는 마음이 아니요 오직 능력과 사랑과 절제하는 마음이니"(딤후 1:7).

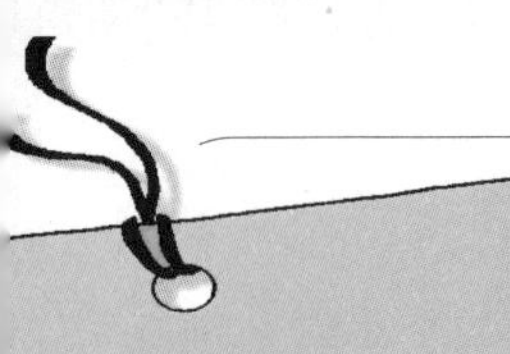

먼저읽기

우리가 절약해야 하는 가장 중요한 이유는 더 잘 살기 위해서가 아닙니다. 그것은 우리의 도움을 필요로 하는 사람이나 좋은 사업들이 너무 많기 때문입니다. 어떤 큰 회사의 회장은 자신이 그 회사 신입사원일 때 생활하던 작은 집에서 50년 이상 살면서 매년 자선단체에 엄청난 액수를 기부하기도 합니다. 어느 누구도 낭비하면서 동시에 이웃을 향한 선한 청지기의 역할을 할 수는 없습니다. 하지만, 다른 사람들을 위해 절약한 사람은 언젠가 인생을 결산할 때 참 넉넉한 삶으로 평가받게 될 것입니다.

섬기는 큰 자

마음열기

나에게는 절약해서 다른 사람이나 어떤 좋은 일을 도운 경험이 있습니까? 나누어봅시다.

생각하기

1. 신자와 섬김

예수님께서 이 세상에 오신 목적은 ☐☐ 이었습니다.

마 20:28 인자가 온 것은 섬김을 받으려 함이 아니라 도리어 섬기려 하고 자기 목숨을 많은 사람의 대속물로 주려 함이니라

예수님께서 우리에게 명령하신 것은 예수님의 섬김을 본받는 것입니다.

요 13:14-15 내가 주와 또는 선생이 되어 너희 발을 씻었으니 너희도 서로 발을 씻어 주는 것이 옳으니라 내가 너희에게 행한 것 같이 너희도 행하게 하려 하여 본을 보였노라

예수님께서 섬김을 강조하신 이유는 섬기는 자가 진정으로 큰 사람이기 때문입니다.

마 20:25-26 예수께서 제자들을 불러다가 이르시되 이방인의 집권자들이 그들을 임의로 주관하고 그 고관들이 그들에게 권세를 부리는 줄을 너희가 알거니와 너희 중에는 그렇지 않아야 하나니 너희 중에 누구든지 크고자 하는 자는 너희를 섬기는 자가 되고
마 18:4 그러므로 누구든지 이 어린 아이와 같이 자기를 낮추는 사람이 천국에서 큰 자니라

세상에서 말하는 성공한 사람, 높은 사람은 많은 섬김을 받는 자입니다. 그러나 우리가 들어갈 천국에서는 가장 많이 섬기는 사람, 가장 겸손한 사람이 가장 큰 사람이며, 으뜸이 됩니다. 섬김은 천국의 법칙입니다. 섬김에 기쁨이 있는 이유는 이것이 천국에서까지 가치가 있는 진리이기 때문입니다.

2. 섬김의 자세

1) 엡 6:7 기쁜 마음으로 섬기기를 주께 하듯 하고 사람들에게 하듯 하지 말라
주께 하듯이 섬기십시오. 지극히 작은 자 하나에게 한 것이 곧 하나님께 한 것입니다(마 25:40).

2) 벧전 4:11 만일 누가 말하려면 하나님의 말씀을 하는 것 같이 하고 누가 봉사하려면 하나님이 공급하시는 힘으로 하는 것 같이 하라 이는 범사에 예수 그리스도로 말미암아 하나님이 영광을 받으시게 하려 함이니 그에게 영광과 권능이 세세에 무궁하도록 있느니라 아멘
하나님이 주시는 힘으로 봉사해야지 자기 열심이나 선함으로 하면 그 섬김이 교만의 제목이 될 것입니다.

3) 마 6:3-4 너는 구제할 때에 오른손이 하는 것을 왼손이 모르게 하여 네 구제함을 은밀하게 하라 은밀한 중에 보시는 너의 아버지께서 갚으시리라
아무도 보지 않을 때의 행동이 참된 그 사람의 됨됨이입니다.

4) 눅 17:9-10 명한 대로 하였다고 종에게 감사하겠느냐 이와 같이 너희도 명령 받은 것을 다 행한 후에 이르기를 우리는 무익한 종이라 우리가 하여야 할 일을 한 것뿐이라 할지니라
종의 마음으로 섬겨야 합니다. 종이 섬겼다고 해서 사람들이 박수를 쳐주지 않습니다. 예수님은 모든 사람들을 위해 죽기까지 섬기셨지만 사람들은 그분을 무시했고 받아들이지 않았습니다.

3. 섬김이 필요한 곳

관심을 가지고 살피면 여러분의 재능, 시간, 건강, 물질로 섬길 수 있는 일은 얼마든지 있습니다.

1) 딤전 5:8 누구든지 자기 친족 특히 자기 가족을 돌보지 아니하면 믿음을 배반한 자요 불신자보다 더 악한 자니라
부모님이 시키지 않더라도 먼저 집안일을 자원해서 도우세요. 참된 섬김을 배울 수 있는 가장 훌륭한 장소는 바로 ☐☐입니다.

다툼 | 독서 | 재앙 | 안정감 | 평판 | 사단 | 섬김 | 인내 | 미디어1 | 미디어2

2) 고후 9:13 …모든 사람을 섬기는 너희의 후한 연보로 말미암아 하나님께 영광을 돌리고
힘들게 사역하시는 선교사님들과 가난한 나라의 성도들을 돕기 위해 ☐☐에 동참하는 것은 아름다운 섬김이 됩니다.

3) 눅 14:12-13 …네가 점심이나 저녁이나 베풀거든 벗이나 형제나 친척이나 부한 이웃을 청하지 말라 두렵건대 그 사람들이 너를 도로 청하여 네게 갚음이 될까 하노라 잔치를 베풀거든 차라리 가난한 자들과 몸 불편한 자들과 저는 자들과 맹인들을 청하라
여러분들의 섬김에 대해 아무런 보답도 할 수 없는 ☐☐들을 돕는 일에 힘을 쓰십시오.

4) 롬 12:11 부지런하여 게으르지 말고 열심을 품고 주를 섬기라
무엇보다 ☐☐을 섬기는 일에 열심을 내야 합니다. 학생회에서 나의 섬김이 필요하면 적극적으로 봉사하십시오.

하나님은 우리가 묵묵히 봉사한 것에 대해 반드시 기억하시고 갚아주십니다.
히 6:10 하나님은 불의하지 아니하사 너희 행위와 그의 이름을 위하여 나타낸 사랑으로 이미 성도를 섬긴 것과 이제도 섬기고 있는 것을 잊어버리지 아니하시느니라

나의 이야기

■ 내가 아래의 사람들을 어떤 일로 섬길 수 있을지 생각해봅시다.

가족 :

친구 :

교회 :

선교사 :

사회적 약자 :

정답 | ①섬김 ②가정 ③헌금 ④약자 ⑤주님

우편배달부를 기다리는 마음

본 국에서, 교회에서, 선교본부에서 볼 때 선교사들이 요구하는 것에는 하찮은 것들이 많습니다. 무슨 책을 보내달라, 젓갈 좀 보내달라, 초콜릿 좀 보내달라, 김, 라면, 고춧가루, 소화제, 파스, 볼펜, 멸치, 오징어 등등…. 그래서 때로 "선교사는 늘 보채고 요구만 한다"라고 비난을 하기도 합니다.

저도 몇 차례 요구를 해왔고 또 받기도 했습니다. 참으로 미안할 때가 한두 번이 아니었습니다. 그러나 길지 않은 나의 선교사 생활에서 경험한 것은 선교사가 보채고 요구하는 그 귀찮고 소소한 것들이 먼 나라에 파송된 선교사와 가족들에게는 결코 바보스러운 것도 아니고, 사치스러운 것도 아니며, 비난받아서는 안 되는 것이라는 겁니다.

선교사는 본 국에 있는 후원자나 선교부, 가족들을 귀찮게 하는 것(?)을 통해서 자신의 정체성을 확인하고, 기도의 통로가 막히지 않고 있음을 확인하고는 선교지에서 쌓인 긴장을 풀게 됩니다.

그러므로 선교사를 보내놓고 매달 돈만 보내는 것으로 선교 사역을 감당하고 있다고 만족하는 것은 고쳐야만 합니다.

본 국에서는 흔하고 보잘것없는 카드 한 장이, 선교지에서는 선교사와 가족들로 하여금 건전한 정신을 유지하고, 영적인 격려를 받으며 사역에 임할 수 있게 만들어 줍니다.

선교사는 선교사를 파송해준 후원자들의 기도와 사랑과 작은 정성을 나누어 먹으면서 말할 수 없는 문화충격, 다른 음식, 기후, 언어, 우상의 세력 그리고 고독과 두려움, 영적 침체 등을 극복할 수 있는 것입니다.

한국교회 성도들은 기도를 많이 합니다. 정말 선교사를 위해 기도해야 하고 그것 없이는 저들의 사역이 불가능합니다.

그러나 그 다음에 또한 중요한 것을 잊지 말았으면 하는 것이 있습니다. 매일같이 우편배달부가 누르는 벨소리를 그렇게 기다리고 있는 먼 나라에 흩어진 선교사들에게 작은 사랑의 마음을 전할 수 있고, 그들의 필요를 충족케 해주는 따뜻한 성도들이 되어 주시기를 부탁드립니다.

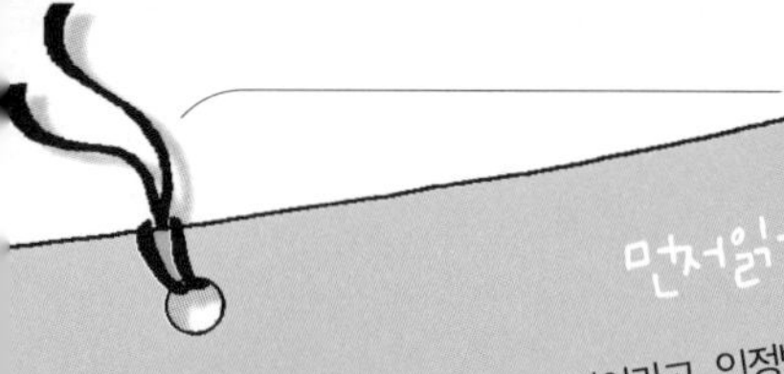

먼저읽기

인류 역사 이래 최고, 최대의 명작이라고 인정받는 소설 파우스트가 괴테에 의해 쓰였음은 누구나 아는 사실이다.

하지만, 그가 이 작품을 23세부터 쓰기 시작하여 82세의 나이에 완성했다는 사실을 아는 사람은 드물다. 괴테가 이 같은 명작을 남길 수 있었던 것은 법학자요, 명정치가였으며, 사상가, 소설가, 시인, 연출가, 화가, 지질학자, 비교해부학자, 식물학자, 물리학자까지 겸했던 그의 천재성 때문이 아니라 일생을 통하여 연구하고, 쓰고, 또 퇴고하기를 거듭하며 쏟아 부은 인내 때문이었던 것이다.

많은 사람이 너무 쉽게 포기하고 자신은 재능이 없기 때문에 안 된다고 단정한다. 그러나 정작 모자라는 것은 재능이 아니라 인내이다.

인내의 가치

마음열기

옆의 글을 읽을 때 나에게 진정 모자란 것은 재능입니까? 아니면 인내라고 생각합니까?

생각하기

1. 신자와 인내

신자에게 '인내' 라는 단어는 얼마나 밀접한 관계가 있다고 생각합니까?

□ 절대적으로 필요하다 □ 상당히 필요하다 □ 좋은 것이지만 필수적이진 않다

이에 대해 성경이 말하고 있는 바를 살펴봅시다.

우리가 성경의 위인들에게서 본받아야 할 것은 오래 참음입니다.

약 5:10 형제들아 주의 이름으로 말한 선지자들을 고난과 오래 참음의 본으로 삼으라

예수님은 우리가 다른 사람들에게 오래 참음의 복이 되기를 원하십니다.

딤전 1:16 그러나 내가 긍휼을 입은 까닭은 예수 그리스도께서 내게 먼저 일체 오래 참으심을 보이사 후에 주를 믿어 영생 얻는 자들에게 본이 되게 하려 하심이라

사도 바울은 성도들을 위해 그리스도의 인내에 들어가게 되기를 기도했습니다.

살후 3:5 주께서 너희 마음을 인도하여 하나님의 사랑과 그리스도의 인내에 들어가게 하시기를 원하노라

2. 인내의 이유

1) 히 10:36 너희에게 인내가 필요함은 너희가 하나님의 뜻을 행한 후에 약속하신 것을 받기 위함이라

신자에게 인내가 필요한 이유는 하나님의 약속을 누리기 위함입니다.

하나님께서 우리에게 주신 약속은 너무나도 원대한 것입니다. 그것은 우리를 당신의 아들 예수님처럼 되게 하시려는 것입니다(롬 8:28-29). 하나님의 자녀가 되기 위해 우리에게 가장 부족한 것은 인내입니다. 알파와 오메가요, 영원하신 하나님에 비해 우리는 너무도 조급하고 일시적이고 변덕이 심하기 때문입니다.

2) 약 1:4 인내를 온전히 이루라 이는 너희로 온전하고 구비하여 조금도 부족함이 없게 하려 함이라

인내를 온전히 이룬 사람은 가장 온전한 사람이 될 수 있습니다.

인내는 압력을 견디는 힘입니다. 역도선수가 무거운 역기의 압력을 견딜 때 메달을 딸 수 있고, 쌀이 압력솥에 들어갔다 나와야 맛있는 밥이 되는 것처럼, 인내를 기를 때 우리는 온전한 신앙인이 될 수 있습니다.

3. 인내해야 할 것들

그렇다면 언제 인내의 훈련을 해야 합니까?

1) □□할 때

시 40:1 내가 여호와를 기다리고 기다렸더니 귀를 기울이사 나의 부르짖음을 들으셨도다

한두 번이 아니라 꾸준히 기도하는 것은 그 기도 제목이 하나님께서 주신 진실한 소원임을 증명해 주는 것입니다. 하나님은 이 같은 소원에 응답하심으로 우리를 성숙시키십니다.

2) □□에 순종할 때

눅 8:15 좋은 땅에 있다는 것은 착하고 좋은 마음으로 말씀을 듣고 지키어 인내로 결실하는 자니라

나무에 거름을 준다고 즉시 열매가 맺히지 않듯이, 말씀에 순종한다고 곧바로 열매가 맺히지는 않습니다. 꾸준히 순종하면 때가 차매 아름다운 열매가 맺히는 것입니다.

3) 자기를 대할 때

히 12:1 이러므로 우리에게 구름 같이 둘러싼 허다한 증인들이 있으니 모든 무거운 것과 얽매이기 쉬운 죄를 벗어 버리고 인내로써 우리 앞에 당한 경주를 하며

인생은 단거리 경주가 아닙니다. 믿음으로 끝까지 포기하지 않고 달리는 자가 승리자입니다.

4) □□ □□ 들을 대할 때
다른 사람들에 대해 참아주는 것은 쉬운 일이 아닙니다. 이때 기억할 것이 있습니다.
살전 5:14 또 형제들아 너희를 권면하노니 게으른 자들을 권계하며 마음이 약한 자들을 격려하고 힘이 없는 자들을 붙들어 주며 모든 사람에게 오래 참으라
사실 인내는 결코 쉬운 것이 아닙니다. 하지만, 하나님께서 우리를 향해 인내하시는 것에 비하면 우리의 인내는 아무것도 아닙니다.
히 12:3 너희가 피곤하여 낙심하지 않기 위하여 죄인들이 이같이 자기에게 거역한 일을 참으신 이를 생각하라

나의 이야기

■ 내가 가장 잘 참지 못하는 부분은 어떤 것입니까?

■ 오늘 성경공부를 통해 인내해야 할 부분을 찾았다면 무엇입니까?

정답 | ①기도 ②말씀 ③다른 사람

다툼 독서 재앙 안정감 평판 사단 섬김 인내 미디어1 미디어2

결실의 법칙

신앙의 선조들은 현명하게도 뿌리를 볼 줄 알았으며 인내하면서 결실을 기다릴 줄 알았습니다. 그들은 영적인 법칙을 알았던 것입니다.
"의인은 그 뿌리로 말미암아 결실하느니라"(잠 12:12).

그러나 오늘날 신자들은 외관에만 몰두하여 눈에 보이지 않는 뿌리는 등한히 하고 있습니다.
그래서 튼튼히 내리고 있는 뿌리보다 잘려진 가지에 달린 열매를 더 소중히 여깁니다.
뿌리가 있는 신자는 가뭄에도 잎이 마르지 않고 태풍이 와도 견딜 수 있습니다.
그리고 결실의 계절이 되면 변함없이 열매를 맺게 됩니다.
하지만, 뿌리가 없는 나무는 지금 아무리 울창하다 해도 갈수록 마르고 결국에는 땔나무 외에는 소용이 없어지게 됩니다.

바울은 이 시대를 사는 모든 신자들에게 권면하고 있습니다.
"너희가 예수를 주로 받았으면 그 안에서 뿌리를 박으며 세움을 입으라"(골 2:6–7).

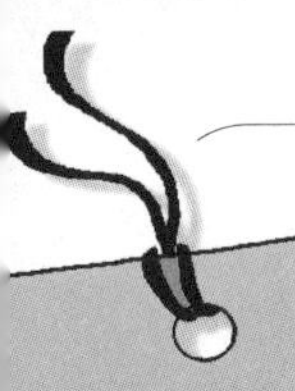

먼저읽기

우리 부부는 신혼 시절에 가지고 있던 작은 텔레비전을 거실 옷장 속에 넣기로 했다. 둘 중에 텔레비전이 보고 싶은 사람은 언제든지 볼 수 있었지만, 옷장에서 그것을 꺼내 탁자 위에 설치해야만 하는 수고로움 때문에 불필요한 시청은 거의 하지 않게 되었다.
그 일은 우리가 결혼 초기에 행한 가장 멋진 일 중의 하나였다. 그로 인해 우리는 함께 집 주위를 산책한다든지, 뒷마당을 가꾼다든지, 집을 고친다든지 하는 소박한 즐거움을 누릴 수 있었기 때문이다.
이런 시간을 통해 우리는 오래도록 함께 이야기하면서, 우리 각자가 독특한 은사와 필요들을 지닌 존재라는 것을 더욱 깊이 알아갈 수 있었다.

–「미디어시대 당신의 자녀는 안전한가?」(IVP)

미디어 다스리기

마음열기

여러분은 미디어를 자기 의지로 다스리는 편입니까? 미디어가 제멋대로 여러분들을 끌어가고 있는 편입니까?

생각하기

1. 미디어 토크

■ 여러분이 가장 자주 접촉하고 가장 많은 영향을 받는 매체는 무엇입니까? 아래의 보기에서 순서대로 번호를 매겨 말해봅시다.

보기) 텔레비전, 인터넷, 만화, 영화, 잡지, 라디오, 신문, 그 외(   )

■ 여러분이 가장 많이 접촉하는 미디어 두 가지의 일주일 평균 접촉시간은 각각 얼마 정도 됩니까?

■ 소그룹 토론을 통해 구성원들이 많이 접촉하는 미디어가 주는 긍정적인 면 세 가지를 말해봅시다.

■ 소그룹 토론을 통해 구성원들이 많이 접촉하는 미디어가 주는 부정적인 면 세 가지를 말해 봅시다.

2. 미디어 다스리기

오늘날 우리는 인터넷, 텔레비전, 신문, 라디오 등과 같은 대중매체를 접하지 않고는 한시도 살 수 없는 세상에 살고 있습니다. 하지만, 우리는 이 같은 미디어를 다스릴 자이지 다스림을 받는 자가 되어서는 안 됩니다. 어떻게 하면 미디어를 다스릴 수 있을까요?

1) 분별하기

대중매체의 메시지는 영향력이 크고, 쉽게 진리로 받아들여지는 경향이 있습니다. 이 때문에 우리가 분별하지 못하면 대중매체에 의해 교묘하게 조정 당할 수 있습니다. 그것을 통해 수많은 비성경적인 생각들이 전달되고 있기 때문입니다. 이 세상의 매체들을 채우고 있는 보편적인 내용은 무엇이며, 그것에 대한 성경의 평가는 무엇입니까?

요일 2:16 이는 세상에 있는 모든 것이 (㉠)과 (㉡)과 (㉢)이니 다 아버지께로부터 온 것이 아니요 세상으로부터 온 것이라

㉠ □□의 □□ - 성적인 욕망

㉡ □□의 □□ - 아름답고 멋지게 보이고 싶어하는 욕망

㉢ □□의 □□ - 소유한 것에 대해 자랑하게 만드는 허영

특히 이 같은 매체를 만드는 사람 중에는 정말 악한 사람도 있습니다. 그러므로 대중매체의 메시지를 맹목적으로 따르는 것은 위험하기 짝이 없습니다.

벧후 2:14 음심이 가득한 눈을 가지고 범죄하기를 그치지 아니하고 굳세지 못한 영혼들을 유혹하며 탐욕에 연단된 마음을 가진 자들이니 저주의 자식이라

롬 1:32 그들이 이같은 일을 행하는 자는 사형에 해당한다고 하나님께서 정하심을 알고도 자기들만 행할 뿐 아니라 또한 그런 일을 행하는 자들을 옳다 하느니라

2) 중용 지키기

한 조사에 따르면, 전체 인터넷 사용자의 30.7%가 중독자들인데 그 분포를 보면 20대와 30대가 29.4%, 22.8%인데 비해, 10대는 무려 46.8%나 된다고 합니다. 미디어는 중용의 미를 발휘하여 사용할 때 가장 효과적이라고 할 수 있습니다.

TV나 컴퓨터를 적당하게 사용하기 위해 여러분의 방에서 그것이 차지하고 있는 위치를 옮겨보세요. TV가 너무 편리한 곳에 있다면 불편한 곳으로 옮기고, 컴퓨터가 은밀한 곳에 있다면 공개적인 곳으로 옮기는 것이 좋은 방법입니다.
적당한 접촉 시간과 접촉할 좋은 프로그램을 결정하십시오. 그리고 그것에 대해 식구들이 알게 하십시오. 별생각 없이 접촉하면 시간을 허비하거나 자칫 오락 프로그램에만 몰두할 가능성이 큽니다.

매체가 마음을 너무 빼앗거나 다른 중요한 일에 방해가 된다면 과감히 끊어버리는 결단이 필요합니다. 다양한 차단 프로그램을 활용하거나 일정한 기간 동안 사용하지 않기로 결정하는 것은 의미 있는 시도입니다.

3) 승화시키기

대화(communication)라는 단어의 어원은 공통점을 만드는 것(to make common)입니다.

TV나 인터넷을 혼자가 아니라 가족과 함께 사용함으로 대화거리가 되게 하십시오. 이렇게 할 때 비록 미디어가 불건전한 메시지를 준다 할지라도 토론을 통해 건전한 비판의식이 생겨날 수 있고, 가족관계도 더 공고해질 수 있습니다.

초 · 중 · 고생 회원들로 구성된 '사이버외교사절단 반크' (http://www.prkorea.com)가 인터넷을 통한 항의 메일로 세계적인 온라인 지도 출판사 '월드 아틀라스' 로부터 동해명칭 병기를 이루어낸 일을 비롯하여 대한민국의 이미지를 높이는 일을 활발하게 하고 있습니다. 인터넷을 통해 할 수 있는 좋은 일들을 찾는 것은 매체 승화를 위한 아주 중요한 방편입니다.

나의 이야기

■ 서로에게 추천할만한 좋은 사이트를 찾아서 나누어봅시다.

■ 예배에 방해가 되는 토요일 밤의 TV시청이나 인터넷 사용을 줄이기로 결단하는 시간을 가집시다.

정답 | ㉠육신, 정욕 ㉡안목, 정욕 ㉢이생, 자랑

미디어 중독

대부분의 부모들은 아이들이 어릴 때부터 TV, 인터넷 게임, 문방구 앞의 오락기 등에 노출되어 있음을 잘 알면서도 큰 문제가 되지 않으리라는 막연한 태도로 방치해 왔습니다. 그리하여 청소년기에 접어들었을 때는 이미 10년 정도의 시간이 흘러, 쉽게 치료할 수 없는 중독성을 가지게 되는 것입니다.

부모들이 문제를 느끼고 집에서 컴퓨터나 TV를 통제하기 시작하면 아이들은 모두 PC방으로 향합니다. 우리나라는 게임 산업이 국가전략 사업으로 채택되어 보호 · 장려되고 있기 때문에 여러 가지 유해 요소들에도 불구하고 별다른 규제 없이 어디서나 볼 수 있습니다. 이 같은 PC방의 존재는 가정 내의 통제에 한계를 가져옵니다.

게다가 한국 청소년들의 일과는 자율수업과 학원, 과외 등으로 인해 대부분 늦은 밤 시간에야 마칩니다. 이러다 보니 아이들은 대부분의 여가시간을 인터넷에 매달려 이메일을 확인하고, 친구들과 채팅하고, 부과된 과제를 해결하고, 게임을 하다가 성인물 등 불건전한 사이트를 검색하는 데 보내고 있습니다.

미디어 중독을 부추기는 또 한 가지의 원인은 가족들이 함께 모여서 놀만한 여가 생활의 내용이 너무 빈곤하다는 것입니다. 가끔 같이 모여도 함께할 놀이문화가 절대 부족하고, 여가를 위한 시도 또한 너무 부모 중심적이며 획일적입니다. 그러다 보니 아이들은 부모와 놀고 싶어 하지 않고 그것을 또 다른 잔소리를 들어야 하는 시간으로 여깁니다.

이 같은 이유들로 인하여 우리의 청소년들은 미디어를 끊고 나면 달리 할 것이 아무것도 없게 되었습니다.

이제 사회 환경과 교육제도, 가정문화 등에 대한 근본적인 반성과 놀이문화의 혁신이 필요합니다. 이 문제는 결코 쉽지 않은 일이지만 누구도 방관자로 있을 수만은 없는 일입니다.

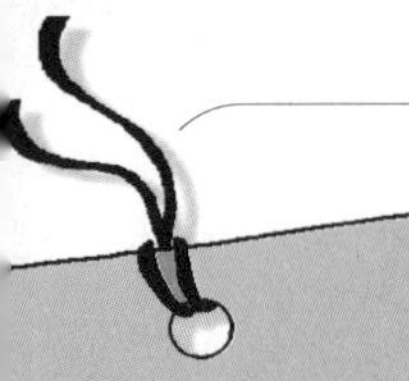

먼저읽기

기도를 드리기 위해 눈을 감으면 게임 화면으로 가득 차는 경우가 있습니다. 인터넷 사용 때문에 주일 예배에 늦은 적도 있습니다. 목사님의 설교 말씀도 며칠 전에 빌려본 비디오의 장면이 떠올라 좀처럼 귀에 들어오지 않을 때도 많습니다.

친구들이 돌려보던 음란서적을 빌려본 후에 자기도 모르게 낯뜨거운 장면들이 상상이 되어 혼자 있을 때는 도무지 안정을 찾을 수 없었던 경험도 있습니다.

전철 안에서 다른 승객이 펼쳐든 스포츠신문의 야한 만화 내용 때문에 낯이 붉어지는 경험을 한 적도 있습니다. 대중매체가 우리의 경건 생활을 방해하는 사례들입니다. 모든 청소년들이 다 이런 경험들을 한 것은 아니겠지만 한 가지쯤 해당되지 않는 청소년들은 별로 없을 것입니다.

미디어 대적하기

마음열기

미디어가 당신에게 미치는 가장 좋지 않은 영향은 무엇입니까? 나누어봅시다.

생각하기

인터넷이나 TV 같은 대중매체 자체가 사단의 도구는 아니지만, 그것은 사단의 도구로 악용될 수 있습니다. 우리가 대적하고 싸워야 할 대중매체의 메시지는 어떤 것들입니까?

1. ☐☐☐

대중매체들은 결혼 관계 안에서의 건강한 성이 아닌 비정상적인 성에 대해 끊임없이 말하고 부추기고 있습니다. 그러나 우리를 향한 하나님의 기준은 분명합니다.

엡 5:3 음행과 온갖 더러운 것과 탐욕은 너희 중에서 그 이름조차도 부르지 말라 이는 성도에게 마땅한 바니라

살전 4:3-5 하나님의 뜻은 이것이니 너희의 거룩함이라 곧 음란을 버리고 각각 거룩함과 존귀함으로 자기의 아내 대할 줄을 알고 하나님을 모르는 이방인과 같이 색욕을 따르지 말고

인터넷 음란물이나 음란 만화, 포르노 잡지, 스포츠신문, 성인영화나 비디오 같은 것에 노출되면서 정욕에 사로잡히지 않기란 불가능합니다. 나의 몸과 마음을 정결하게 지키기 위해 삼가야 할 매체는 무엇입니까?

2. □□□

대중매체들은 폭력을 미화해서 묘사하고 있습니다. 또 사이버상에서는 언어폭력이 아무런 거리낌 없이 행해지고 있습니다. 그러나 하나님은 폭력을 미워하십니다.

잠 3:31 포학한 자를 부러워하지 말며 그의 어떤 행위도 따르지 말라

시 11:5 여호와는 의인을 감찰하시고 악인과 폭력을 좋아하는 자를 마음에 미워하시도다

폭력적이고 잔인한 것을 계속해서 보면 여러분의 잠재의식에 나쁜 영향을 미치게 됩니다. 여러분이 자주 접촉하는 미디어에는 폭력적인 것이 얼마나 있습니까? 여러분은 사이버상에서 언어폭력을 당하거나 행한 적이 있습니까?

3. □□주의

인터넷 쇼핑몰, 홈쇼핑, TV나 잡지의 광고 등은 무엇을 가지느냐, 어디에 사느냐가 곧 그 사람을 결정한다는 사상을 계속해서 심어주고 있습니다. 허영과 탐욕을 자극하는 이 같은 메시지들은 우리에게 더 많은 것을 원하게 합니다. 하지만, 그럴수록 손에 넣을 수 없는 것이 상대적으로 늘어나기 때문에 욕구불만은 커질 수밖에 없습니다. 성경은 행복이 소유에 있지 않다고 지적합니다.

눅 12:15 그들에게 이르시되 삼가 모든 탐심을 물리치라 사람의 생명이 그 소유의 넉넉한 데 있지 아니하니라 하시고

4. □□지상주의

청소년들은 텔레비전 스타들의 영향으로 점점 더 외모지향적으로 되어가고 있습니다. 잘생긴 얼굴이나 멋진 몸매는 이제 우리 시대의 우상이 되어버렸습니다. 이 같은 외모지상주의는 참으로 가치있는 내면을 꾸미는 일을 소홀하게 만듭니다.

벧전 3:3-4 너희의 단장은 머리를 꾸미고 금을 차고 아름다운 옷을 입는 외모로 하지 말고 오직 마음에 숨은 사람을 온유하고 안정한 심령의 썩지 아니할 것으로 하라 이는 하나님 앞에 값진 것이니라

5. □□에 대한 무시

미디어에서 보여주는 기성세대(정치인, 부모, 종교인, 교사)의 모습은 어떻습니까? 청소년용 영화에 보면 십대들을 배려할 줄 아는 어른 한 명과 함께 융통성없고, 고루하고, 답답하고, 지혜롭지 못한 어른 열 명 이상이 등장합니다. 여기서 보여주는 교훈은 어른은 골칫거리고 성장에 좋은 모델이 될 수 없다는 것입니다. 이 같은 기성세대에 대한 부정적인 묘사는 청소년들이 기성세대에게 귀를 기울이지 않도록 만들고 있습니다.

롬 13:1-2 각 사람은 위에 있는 권세들에게 복종하라 권세는 하나님으로부터 나지 않음이 없나니 모든 권세는 다 하나님께서 정하신 바라 그러므로 권세를 거스르는 자는 하나님의 명을 거스름이니 거스르는 자들은 심판을 자취하리라

6. 거짓된 사상

최근 대중매체들은 심령과학이나 귀신에 대한 이야기 등을 자주 다루고 있습니다. 그 외에도 인터넷에서는 자살이나 테러, 인종차별을 부추기는 사이트들도 있습니다.
하나님은 이스라엘 백성에게 이방의 문화와 가치관에 오염되지 말라고 계속해서 경고하고 있습니다(출 23:24; 신 18:9).
골 2:8 누가 철학과 헛된 속임수로 너희를 사로잡을까 주의하라 이것은 사람의 전통과 세상의 초등학문을 따름이요 그리스도를 따름이 아니니라

나의 이야기

- 내가 꼭 가지고 싶고 없어서 불만인 것은 무엇입니까? 그것이 진정으로 필요한지 다시 한번 생각해봅시다.

- 자신의 외모에 대해 하나님께 감사드리고, 외모뿐 아니라 내면을 아름답게 꾸미겠다고 스스로에게 다짐하는 시간을 가집시다.

- 지금까지 미디어의 부정적인 면들에 대해 대적하지 않고 도리어 즐긴 것에 대해 회개하고, 더 이상 이 같은 범죄를 짓지 않겠다고 결단하며 기도하는 시간을 가집시다(시 19:13).

정답 | ①선정성 ②폭력성 ③물질 ④외모 ⑤권위

마틴 가족 이야기

저는 몇 년 전 한 독일인 크리스천 가정에 열흘 정도 머물렀던 일이 있습니다.
남편인 마틴은 컴퓨터 계통에서 일하는 공학박사로 유능하고 가정적이었으며, 아내인 아네뜨는 따뜻하고 알뜰했고, 어린 네 딸은 예쁘고 예절 바르고 친절했습니다. 그곳에서 보낸 시간 중 가장 기억에 남는 것은 주로 저녁식사 이후의 시간입니다. 식사를 마치고 나자 첫째와 둘째 딸이 설거지를 한 후, 막내 둘을 재우고 나서 식탁에 다시 내려와 손님인 저희 부부에게 동참을 권했습니다. 그것은 카드게임 자리였습니다.
마틴 가족은 가족이 함께할 수 있는 건전한 보드게임을 정말 많이 알고 있었습니다. 그리고 이것은 독일 크리스천 가정들의 보편적인 문화라고도 했습니다.
그것은 아주 즐거운 시간이었고, 이것을 계기로 그들과 금방 친해질 수 있었습니다.
또 어떤 날은 마틴 부부와 같이 느긋하게 차를 마시면서 이야기를 나누었고, 어떤 때는 피아노 앞에 모여 노래를 부르기도 했습니다. 이 모두가 저녁 식사 후의 시간이었습니다.
이와 같은 소중한 시간이 가능했던 중요한 한 가지 이유는 그 집에 TV가 없기 때문입니다.
방이 열 개쯤 되는 넓은 주택이지만 그 어디에도 작은 TV 하나가 없었습니다. 잘 알려진 대로 많은 독일인이 축구에 광적입니다. 하지만, 그는 월드컵 기간에도 TV 한 대를 사는 대신 TV를 대여해 볼 계획을 세우고 있었습니다. 그가 이렇게 하는 이유는 TV가 가족 간의 진정한 삶과 대화를 방해할 수 있다는 생각 때문이었습니다.
마틴의 가정을 보며 저희 부부는 진정한 가족의 삶에 대해 많은 것을 생각하게 되었습니다.
한 연구기관에서 한 달 간 TV를 켜지 않고 생활하는 가족에 대한 큰 액수의 포상금을 걸고 여러 가족을 대상으로 실험을 해보았다고 합니다. 하지만, 그 결과는 단 한 가정도 성공할 수 없었다는 것입니다. 그리고 실패의 가장 큰 이유는 TV 없는 관계의 어색함을 견딜 수 없었기 때문이라고 합니다. 이처럼 우리 가정들은 어느새 TV 없이는 같이 할 것이 아무것도 없는 삭막한 삶 속에 놓여 있는 것입니다.
우리 이제라도 진정한 삶을 시작합시다. 그리고 이를 위해 미디어를 줄입시다.

♥ memo

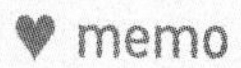
memo

저 | 자 | 소 | 개

권지현(kjhgtm@empal.com)

지티엠의 대표이며 다음세대교회 담임목사로 있습니다. 청소년 신앙지「왕의 아이들」발행인과 두란노서원「예수나라」편집장을 역임했으며, 현재「세계를 품는 경건의 시간 GT」의 편집인과「주니어 GT, 주티」의 발행인으로 집필을 담당하고 있습니다. 코스타와 유스 코스타의 강사로 섬기고 있으며, 청소년 성경공부 교재 〈글로벌틴〉시리즈와 장년 성경공부교재 〈스파크 셀양육〉시리즈를 집필하고 있습니다.

십대생활 다듬기 3 ♣ 십대3

초판 | 2002. 12. 1
개정판 발행 | 2008. 1. 1
개정판 10쇄 | 2016. 9. 22
지은이 | 권지현
발행처 | 지티엠
등록 | 제10-0763호
서울시 송파구 가락로 5길 13-7 GTM
전화 | (02)453-3818
팩스 | (02)453-3819
총판 | 기독교출판유통 (031)906-9191~4
www.gtm.or.kr
ISBN 89-85447-59-9
ISBN 978-89-85447-59-1